注意力交響樂
學習手冊 ♩♪

蕭瑞玲、孟瑛如　著

作者簡介

蕭 瑞 玲

學歷：國立清華大學特殊教育研究所碩士

美國維吉尼亞州 Shenandoah 大學音樂治療學士

現職：社團法人新竹聲暉協會音樂治療師

個人工作室

經歷：財團法人新竹市天主教仁愛社會福利基金會音樂治療師

長庚醫療財團法人高雄紀念醫院音樂治療師

中國文化大學推廣部講師

專長：音樂治療

孟 瑛 如

學歷：美國匹茲堡大學特殊教育博士

美國匹茲堡大學教育輔導碩士

現職：國立清華大學特殊教育學系教授

專長：學習障礙、情緒行為障礙

目 次

練習一

一、請圈出每一行與粗體字相同的符號

| **f** | 1 | f | 2 | f | f | 1 | 2 | f | f | p | p |

| **p** | p | p | f | sf | f | p | 3 | f | 4 | 6 | p |

| **sf** | sf | sf | sf | sp | sf | 3 | sf | p | f | 2 |

| **f** | f | fs | p | p | f | 2 | p | f | sf | f | 3 |

| **p** | sf | p | q | sf | 3 | p | p | f | sf | p |

| **sf** | sf | sf | sp | q | fs | sf | p | sf | p |

| **p** | sf | p | q | f | sf | d | f | f | q | p | p |

| **p** | f | sf | d | sf | p | f | q | pp | pq | p |

二、請把「ξ」圈起來

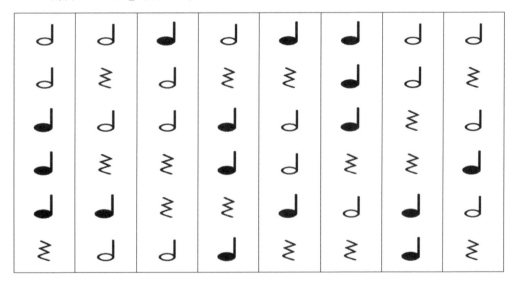

三、請把「♩」圈起來

四、請把「♩」圈起來

五、請把「♩」圈起來

六、請把「♩」圈起來

七、進階題

1. 請問第二題總共有幾個「Ɛ」？答：_____。

2. 請問第五題總共有幾個「♩」？答：_____。

3. 請問第四題加第六題總共有幾個「♩」？答：_____。

八、請勾選出與前面框框內相同的樂器

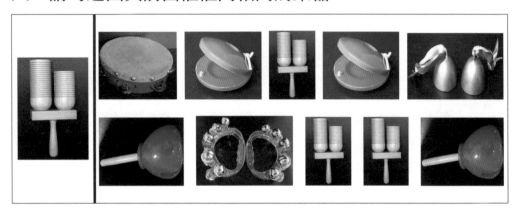

九、請勾選出與前面框框內相同的樂器

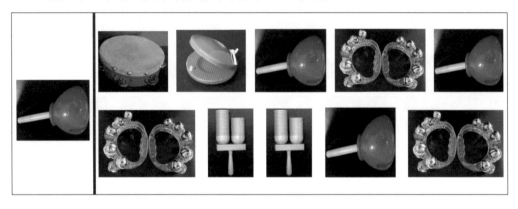

十、請勾選出與前面框框內相同的樂器

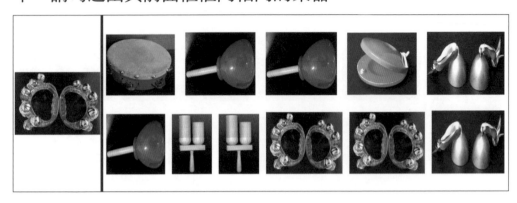

十一、請勾選出與前面框框內相同的樂器

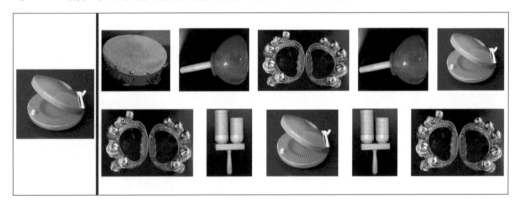

練習二

一、請圈出每一行與粗體字相同的符號

| **p** | p | p | f | ff | p | mp | pp | qq | p |

| **mp** | p | f | p | mf | mp | f | mp | mp |

| **ff** | sf | fff | sf | ff | f | ff | sf | ff | f |

| **f** | f | p | f | fs | pp | f | sf | f | ff | f |

| **p** | sf | p | q | p | p | f | qq | f | p | sf |

| **mp** | sf | f | mq | pp | sf | mp | f | mp |

| **sf** | sf | f | f | sf | ff | p | ff | sf | sf |

| **pp** | sf | dd | f | pp | pq | pp | pq | pp |

二、請把「♩」圈起來

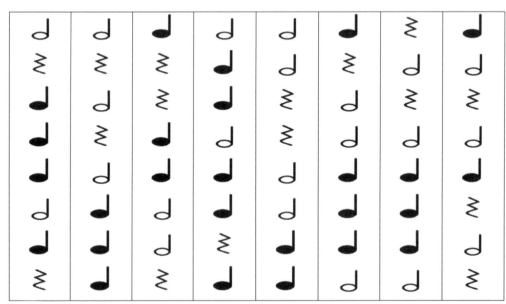

三、請把「♩」圈起來

四、請把「〝」圈起來

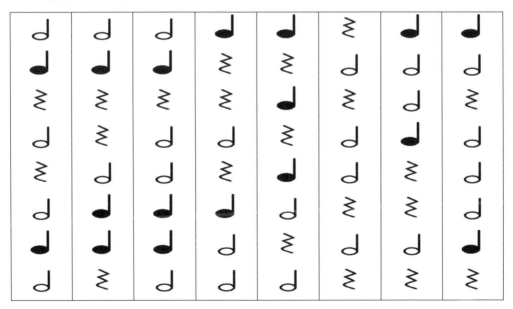

五、請把「♩」圈起來

六、請把「⅋」圈起來

七、進階題

1. 請問第三題總共有幾個「♩」？答：_____。

2. 請問第五題總共有幾個「♩」？答：_____。

3. 請問第六題總共有幾個「⅋」？答：_____。

4. 請問第六題在第幾行沒有出現「⅋」？答：_____。

5. 請問第六題第二行有幾個「⅋」？答：_____。

八、請勾選出與前面框框內相同的樂器

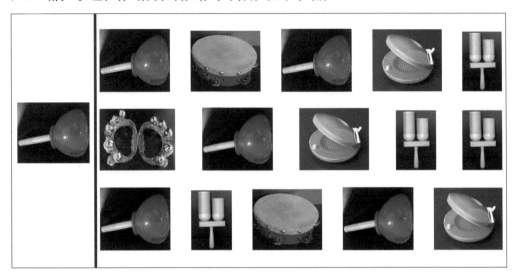

九、請勾選出與前面框框內相同的樂器

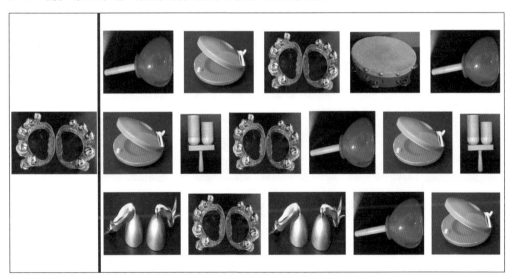

十、請勾選出與前面框框內相同的樂器

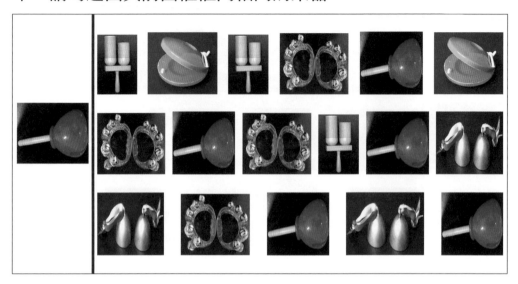

十一、請勾選出與前面框框內相同的樂器

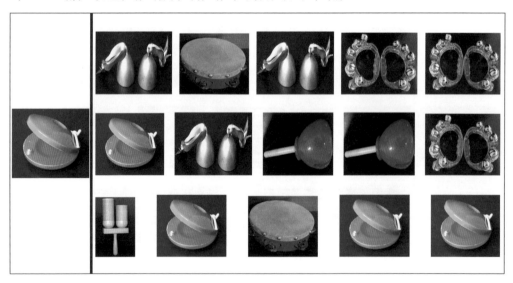

練習三

一、請勾選出與前面框框內相同的樂器

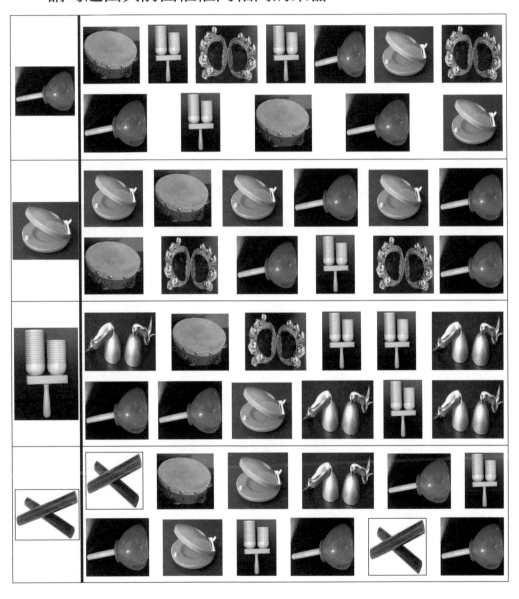

二、找出每一個框框內的「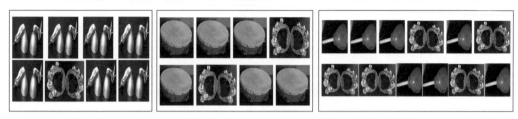」，並將總數量與數字連起來

5	3	7	1	2

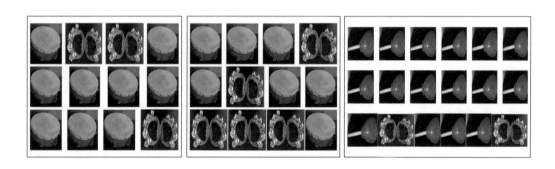

三、請把「彡」圈起來

四、請把「♩」圈起來

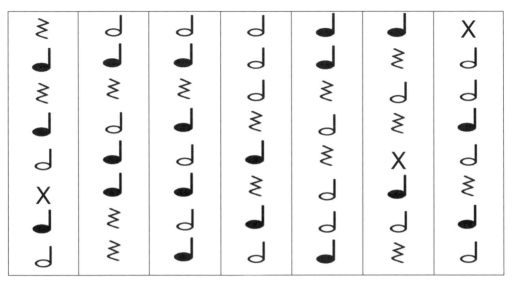

五、請把「♩」圈起來

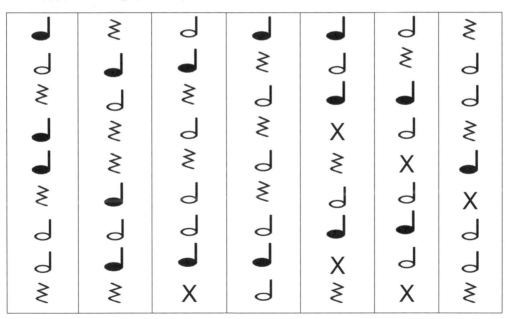

六、請把「♩」圈起來

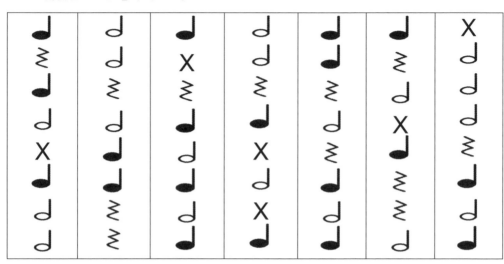

七、請把「♩」圈起來

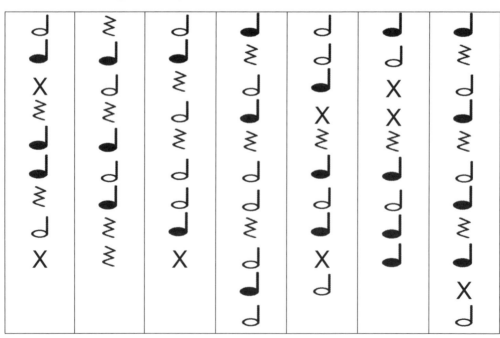

16

八、請把「𝄐」圈起來

九、進階題 1

請從下圖中找出指定符號的數量：

𝅗𝅥 = _____個　　𝅘𝅥 = _____個　　𝄐 = _____個

p = _____個　　f = _____個

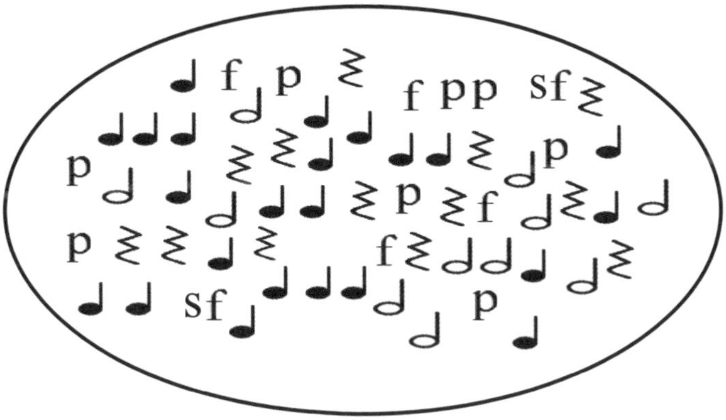

十、進階題 2

1. 請從下圖中找出指定符號的數量：

♩ = _____ 個   ♩ = _____ 個   ₹ = _____ 個

2. 請問在紅色橢圓形內總共有幾個「₹」？答：_____。

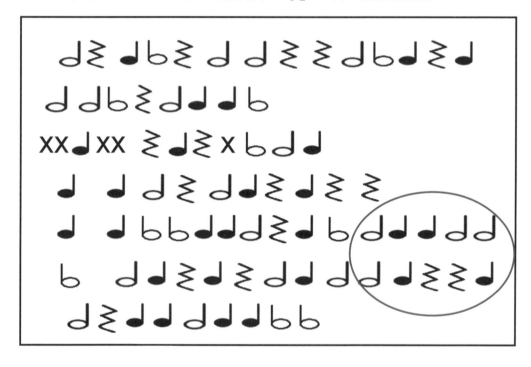

一、請勾選出與前面框框內相同的樂器

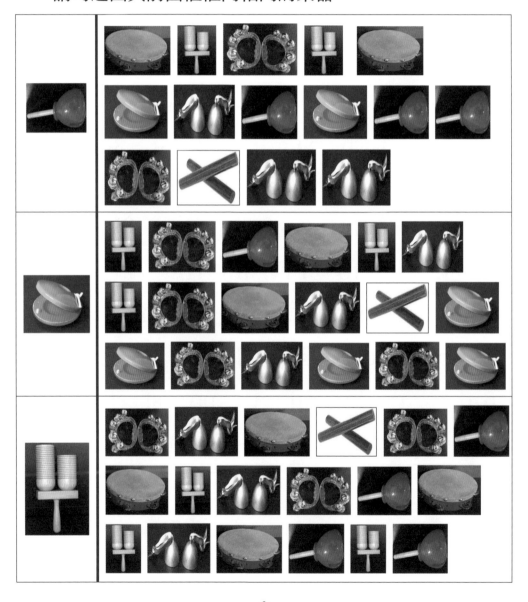

二、請圈出每一行與粗體字相同的符號

f	f	ff	f	sf	sf	p	p	F	mf	f
	p	mp	sf	ff	sf	p	mp	sf	f	
p	q	q	f	sf	f	p	f	d	d	d
	p	p	f	d	b	q	p	d	d	q	p
sf	fs	sp	p	sf	fs	sh	sf	sf	sf
	sd	d	p	sf	sF	sh	sf	ff	
ff	ff	p	d	p	sf	sF	sh	ff	f	p
	ff	sf	fff	FF	fm	fF	ff	
mp	p	p	p	pp	mp	pm	ms	mf
	pp	mq	mR	md	mg	ff	mp	p
pp	ff	f	dd	mf	ff	pp	sf	f	pp
	qq	pd	pp	pq	qp	pp	pd	p

三、請把「♩」圈起來

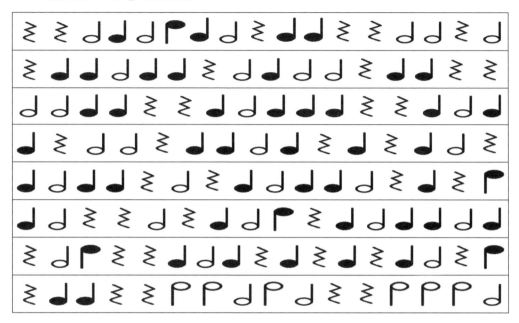

四、請把「♩」圈起來

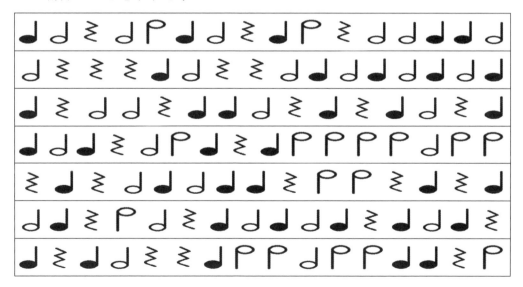

五、請把「ⅾ」圈起來

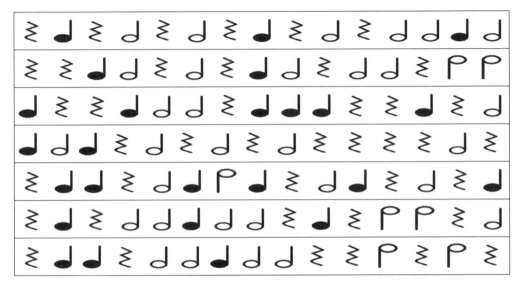

六、進階題 1

請從下圖中找出指定符號的數量：

ⅾ= _____個　　　ⅾ= _____個　　　ⅾ= _____個

七、進階題 2

1. 請從下圖中找出指定符號的數量：

♩= _____個　　♩= _____個　　ξ= _____個

2. 請問在紅色方形框內總共有幾個「ξ」？答：_____。

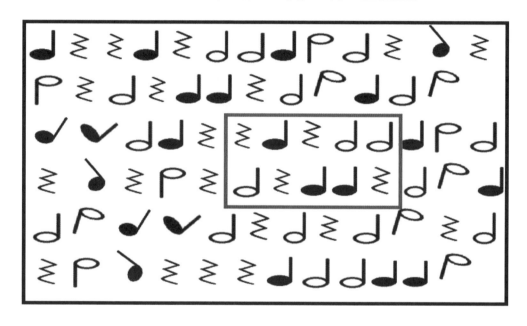

八、進階題 3

1. 請從下列圖中找出指定符號的數量：

♩ = _____個　　♪ = _____個　　𝅗𝅥 = _____個

2. 請問在三個紅色方形框內，總共有幾個「♪」？答：_____。

3. 請問在三個紅色方形框中沒有找到「♪」的是幾號？答：_____。

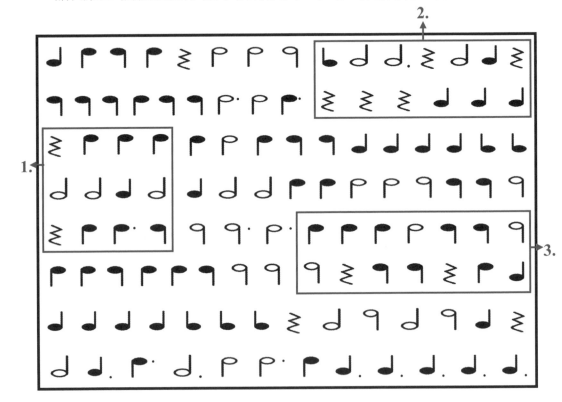

練習五

一、請勾選出與前面框框內相同的樂器

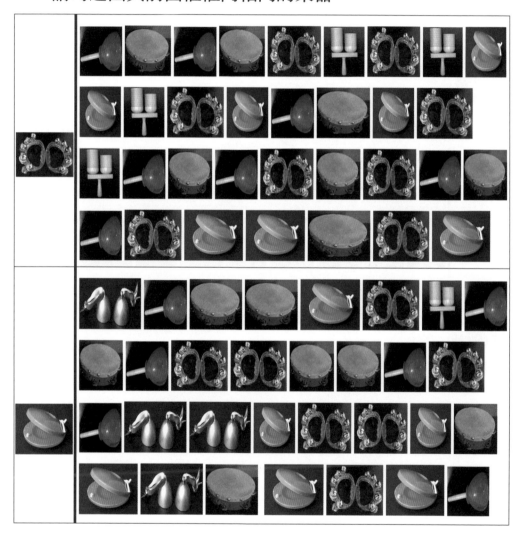

二、請勾選出與前面框框內相同的樂器

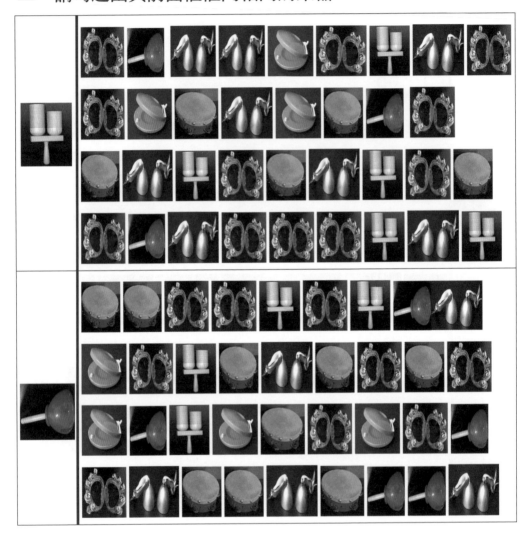

三、請圈出每一行與粗體字相同的符號

mp	p p f p f p mf mp ff p
	mp pp p f p mf mp p f
	p mf p f pp mp qp mq mp
	m pf mp mo p f mg mp

mq	pm qp mq p mf mo mp mq mp
	qqq qmp mqq mp mp pr mR mR
	md mb p mq mp mb p mq p
	mb mq md mp

ff	sf fff p f fs pp f sf f ff
	sf ff f ff sf ff fff f fs pp
	f sf fs p ff sf ff sf f fs
	pp sf ff fff

四、請把「♩」圈起來

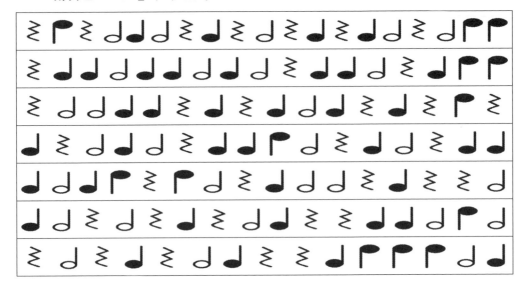

五、請把「♩」圈起來

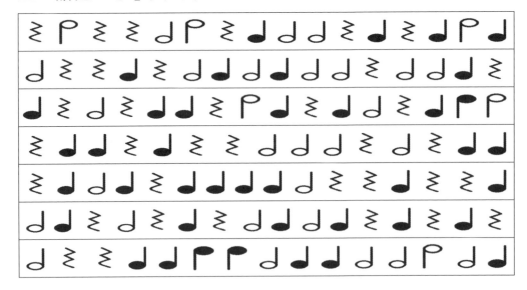

六、請把「𝄽」圈起來

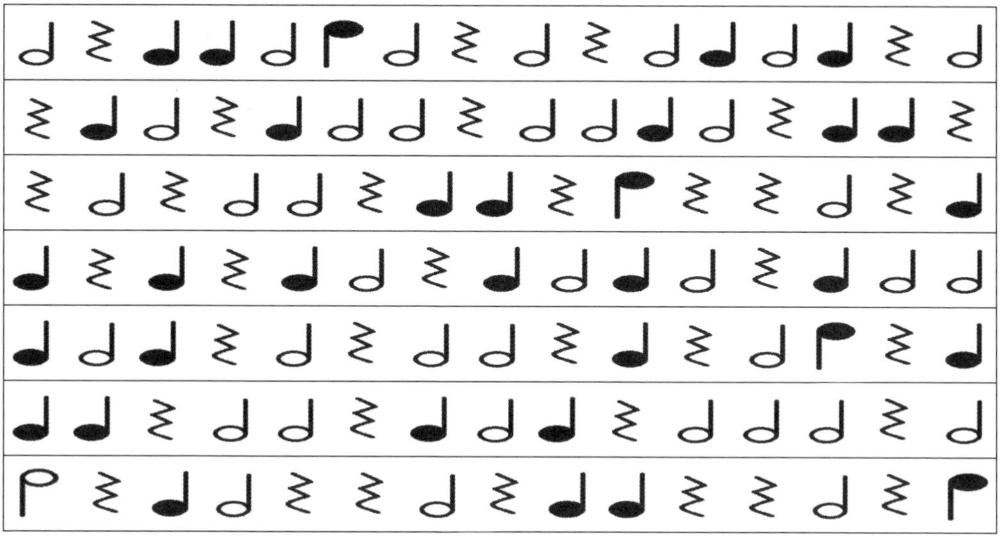

七、請把「♪」圈起來

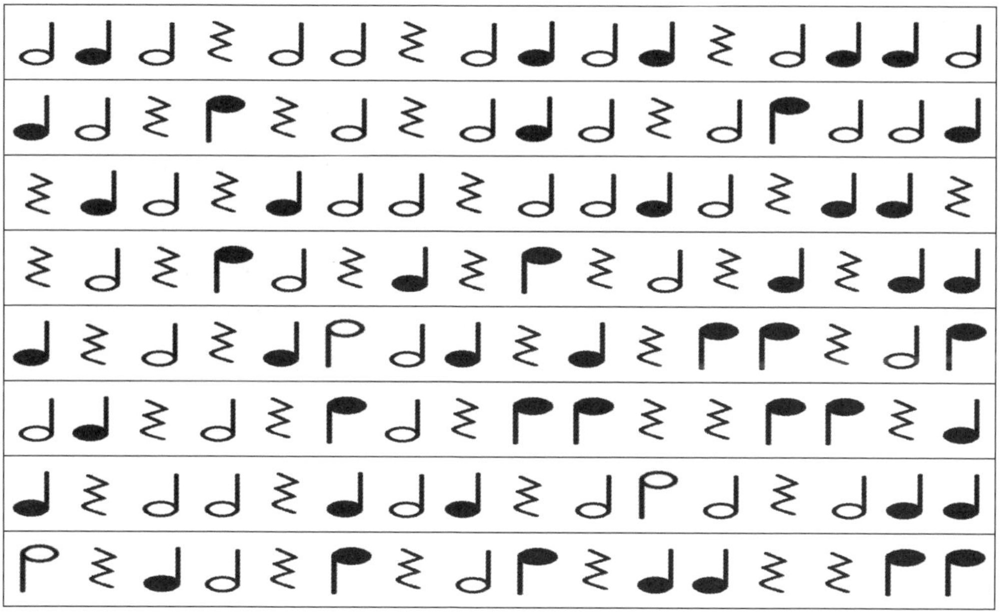

八、找出每一個框框內的「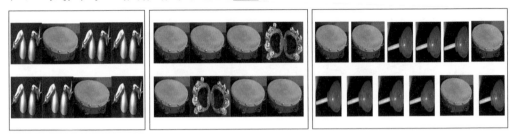」，並將總數量與數字連起來

| 4 | 7 | 6 | 3 | 5 | 8 | 1 | 2 |

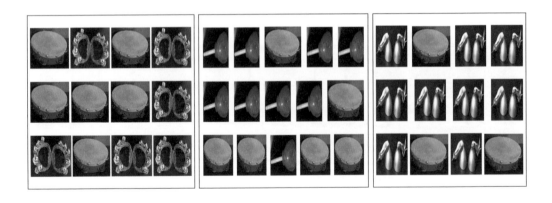

九、找出每一個框框內的「♩」，並將總數量與數字連起來

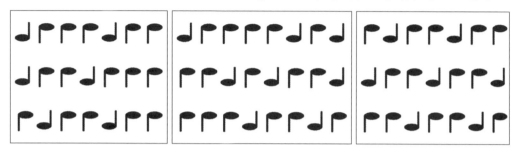

9	7	6	3	5	8	10	12

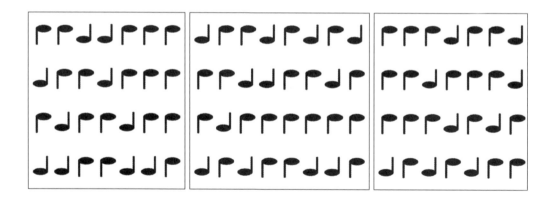

十、進階題

1. 請從下圖中找出指定符號的數量：

♩= _____個　　♩= _____個　　𝄽= _____個

2. 請問♩、♩和𝄽，哪一個數量最多？答：_____。

3. 請問在橘色方形框內總共有幾個「𝄽」？答：_____。

4. 請問在橘色方形框內總共有幾個「♩」？答：_____。

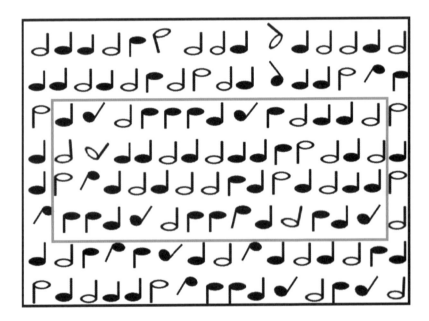

一、請勾選出與前面框框內相同的樂器

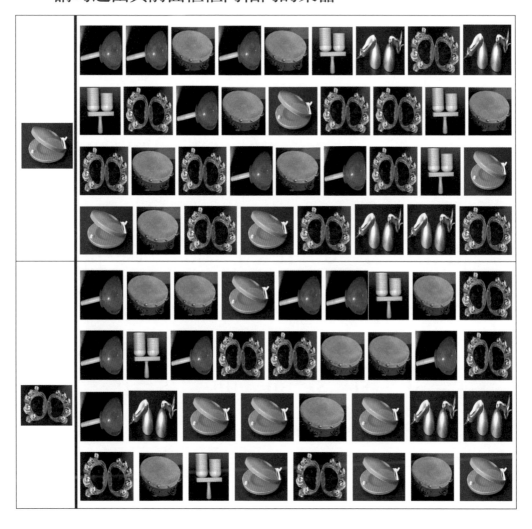

二、請圈出每一行與粗體字相同的符號

pp	p	d	sf	p	pd	sf	pp	d	q
	q	d	qg	p	p	qq	pp	mp	f
	mf	f	p	b	f	mp	qq	f	p	sf
	qq	ppo	p9	66	pp	p	pp	p	
	99	p	q	p6	p6	pp	ppq	p	

sf	ff	d	fff	sf	p	b	f	sf	d
	ff	q	ff	q	ff	q	p6	p6	pp
	f	sf	sf	p6	pp	pp	f	mf	fff
	sp	sf	sff	f	sf	ds	q	fs	sp
	p	sE	sl	sf	p	mp	fs	ff
	ssf	ff	sk	fs	sf				

三、請勾選出與前面框框內相同的樂器

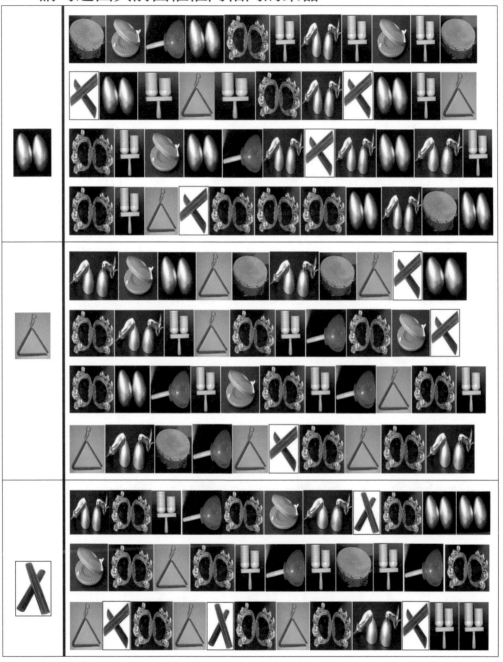

四、請把「♪」圈起來

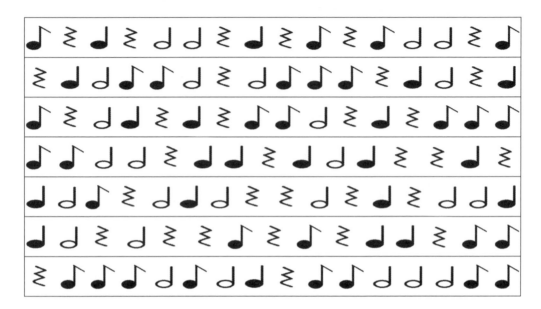

五、請把「♩」圈起來

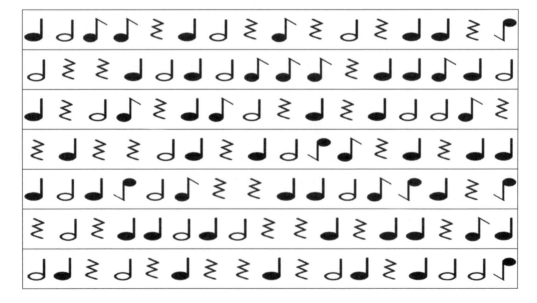

六、請把「▪」圈起來

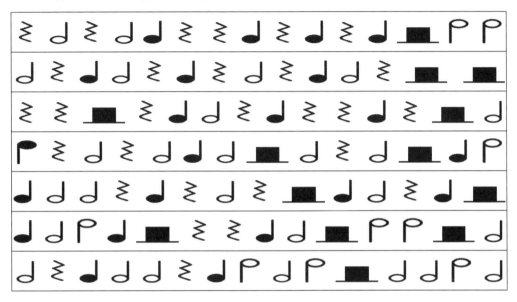

七、請把「▀」圈起來

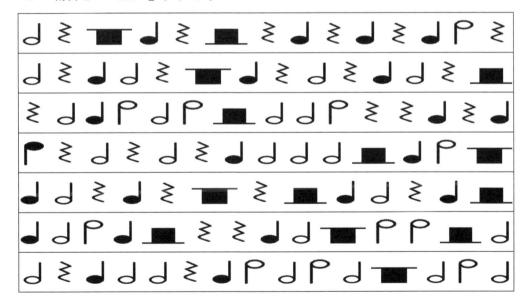

八、請把「♪」圈起來

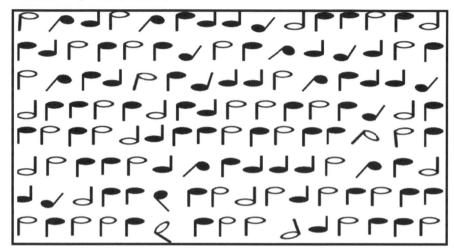

九、進階題

請從下圖中找出指定符號的數量：

♩ = _____個　　♪ = _____個　　♪ = _____個

一、請勾選出與前面框框內相同的樂器

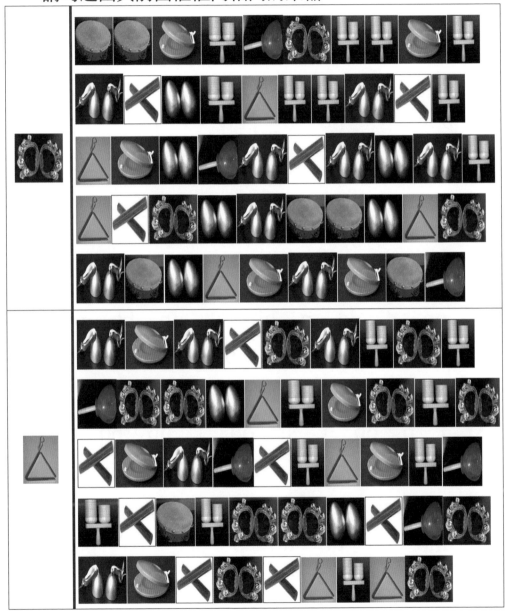

二、請圈出每一行與粗體字相同的符號

	pp	d	dd	p	bb	sf	pp	bbp	dpp
	9pp	ppT	pp	pp	pq	pdp	pp	99	
pp	bb	f	mp	qq	f	p9	66	p6	pp6
	ppp	p9	pq	p	pqq	d	ppq	p	sf
	mp	dq	qb	dp	p	pp	ppq	pqq	pbb

圈完後請數一數，上面有幾個「PP」？答：_____。

三、請圈出每一行與粗體字相同的符號

	pp	d	dd	p	bb	sf	pp	bb	p
	fff	pp	ff	9pp	p9	db	f	sf	sf
	d	qq	pq	d	qg	p	p	qq	pp	mp
sf	f	p	bb	f	sf	qq	f	pp	pq	p
	mf	f	p	pp	66	p	99	pp6	fs
	sq	pp	qq	mp	sf	p	np	sf	ff
	mp	dq	qb	dp	p	ppq	fsf	pbb

圈完後請數一數，上面有幾個「sf」？答：_____。

四、請把「♪」圈起來

圈完後請數一數，上面有幾個「♪」？答：＿＿＿＿。

五、進階題

1. 請問紅色長方形內有幾個「♪」？答：_____。

2. 請問綠色長方形內有幾個「♪」？答：_____。

3. 請問紅色長方形內的「♪」和綠色長方形內的「♪」相加之後，總

共有幾個「♪」？答：_____。

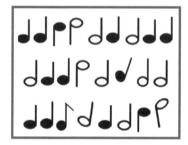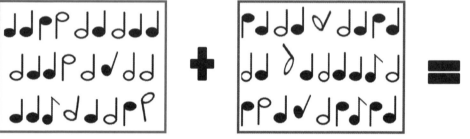

六、找出每一個框框內的「♩」，並將總數量與數字連起來

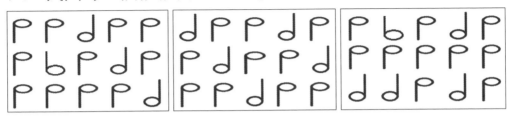

5	3	4	1	2	6

七、找出每一個框框內的「 」，並將總數量與數字連起來

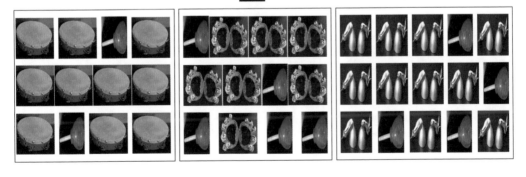

5	3	4	1	2

八、請從七個箭頭中選擇一個入口進入手搖鈴「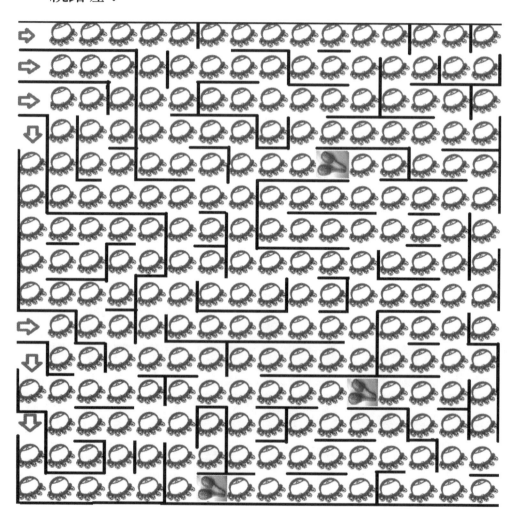」迷宮，並從右方出去，若遇到沙鈴「 」就不能直接過去，得繞路喔！

一、請把「♩♩」圈起來

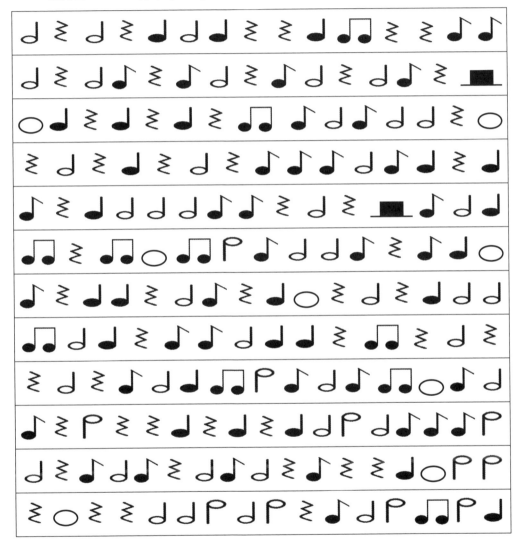

二、請把一組一組的「ㄗㄌ」圈起來

三、請把「♩♩♩♫」圈起來

1	2	3	4
♩♩♩♫	♩♩♩♩	♩♩♩♩♩	♩♩♩♫

5	6	7	8
♩♩♫♩♩	♩♩♫♩♩	♫♩♫♩	♫♩♩♩♩

四、請把「♪」圈起來

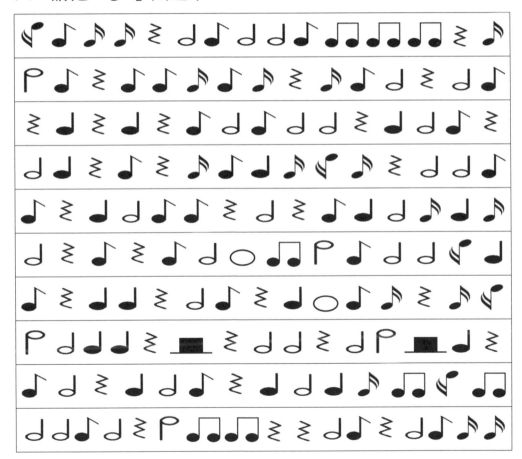

五、請把「♪」圈起來

六、請把一組一組的「♩♩♫」圈起來

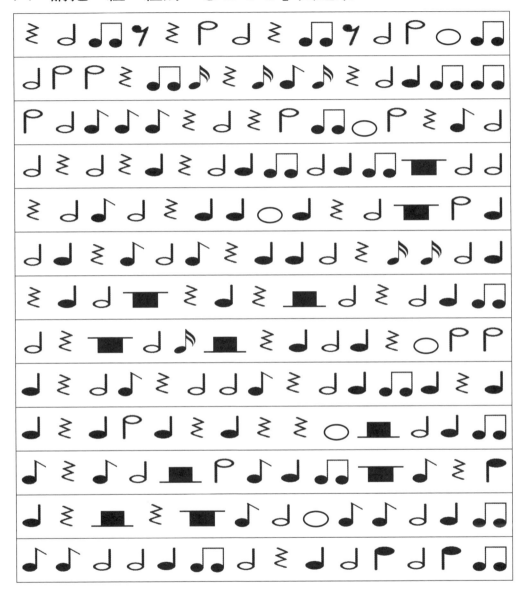

七、請從五個箭頭中選擇一個入口進入手搖鈴「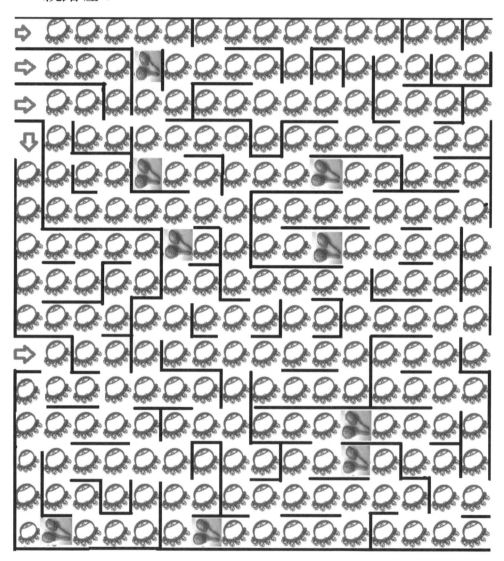」迷宮，並從右方出去，若遇到沙鈴「」就不能直接過去，得繞路喔！

練習九

一、找出每一個框框內的「P」，並將總數量與數字連起來

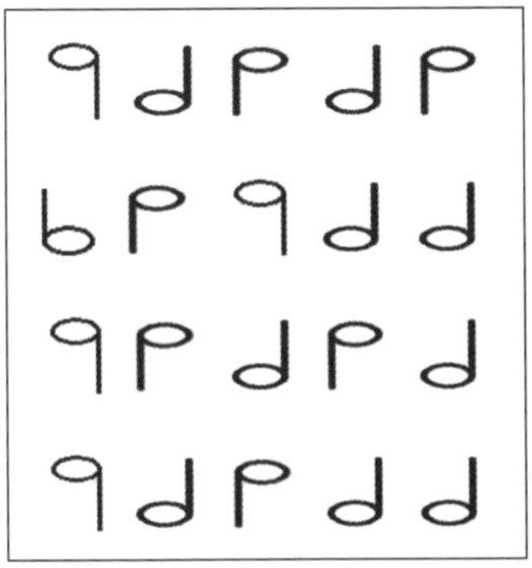
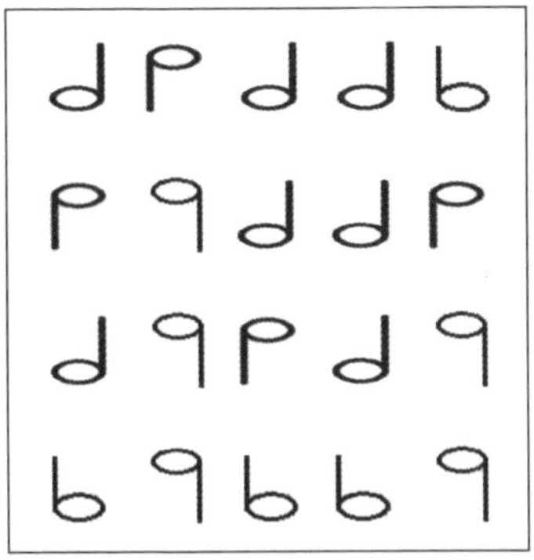
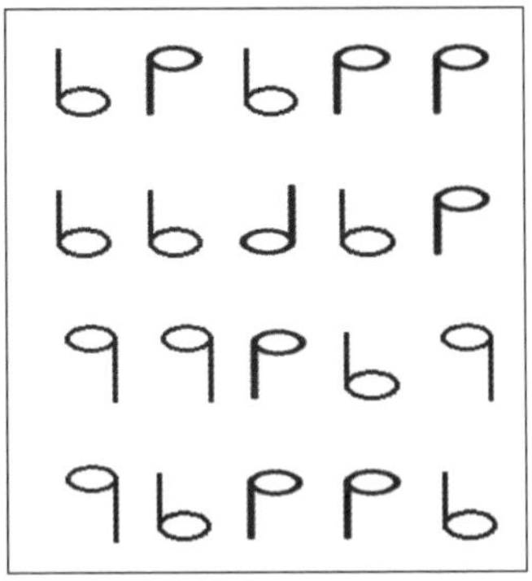

5	8	4	3	7	6

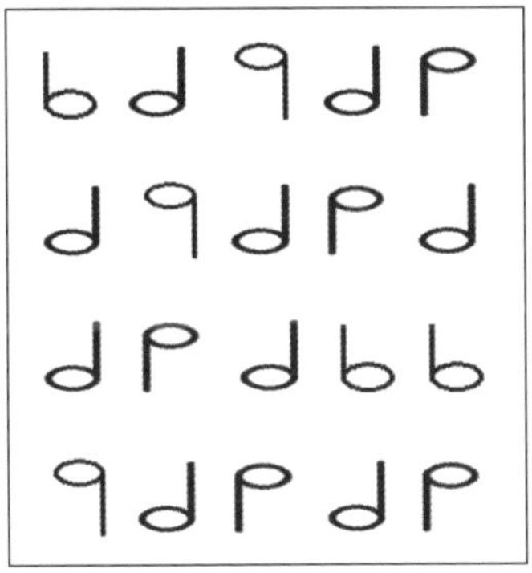
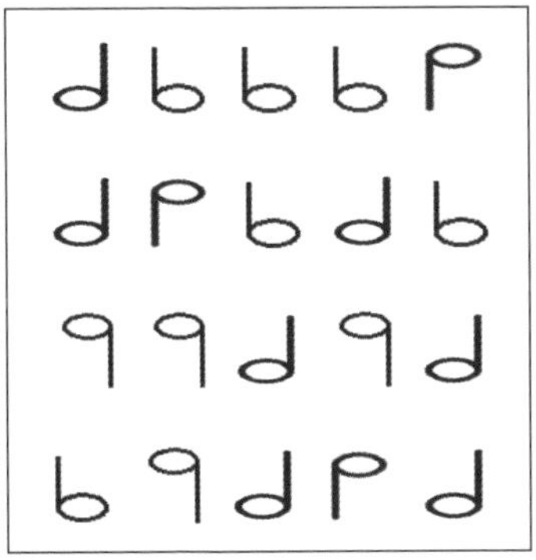
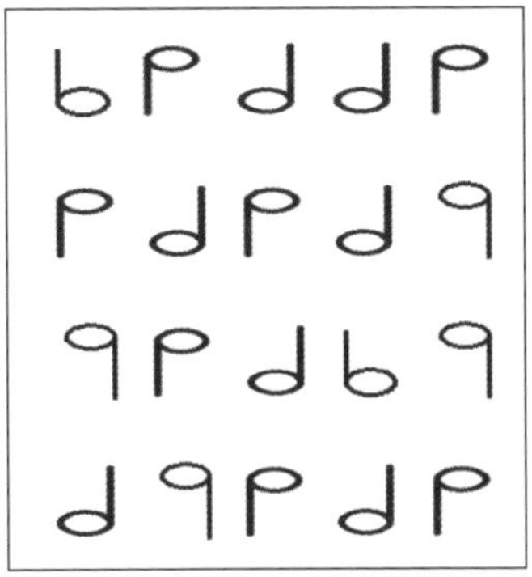

二、找一找，數出每個顏色手鐘的數量

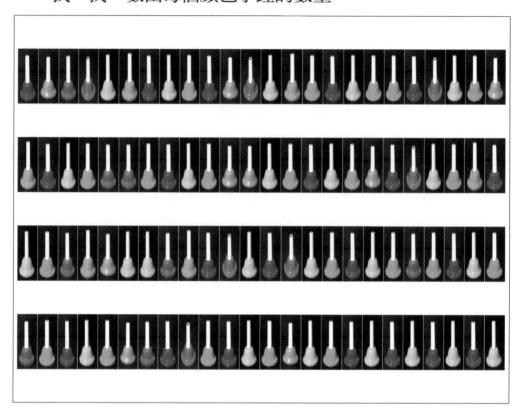

(　)　(　)　(　)　(　)　(　)　(　)　(　)

三、請把一組一組的「♩♩♫」圈起來

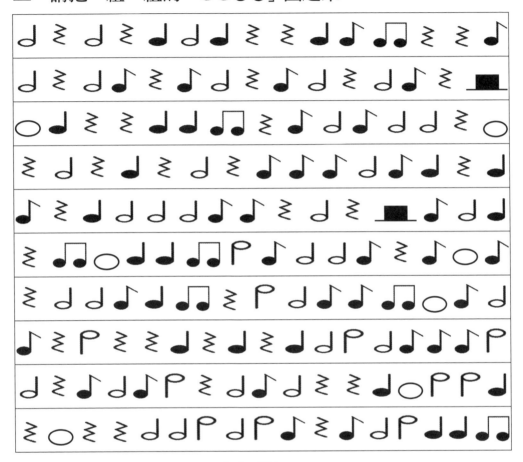

1. 請問你在上面找到幾組「♩♩♫」呢？答：_____。

2. 請找出所有的「▀」和「ξ」，並把兩者相加的總和是多少呢？

　　　　▀ = _____ 個　　　ξ = _____ 個

　　　　▀ + ξ = _____ 個

四、請把一組一組的「♩♩」圈起來

請問你在上面找到幾組「♩♩」呢？答：_____。

五、請把「♩♩♫♩♩」圈起來

1	2	3	4
♩♩♩♫	♩♩♩♩	♩♩♩♫	♩♩♫♩

5	6	7	8
♩♫♩♩	♩♫♩♩	♫♩♩♩	♫♩♩

9	10	11	12
♫♩♩♩ ♩	♩♩♩♩	♩♩♫♩♩	♩♫♩♩♩

六、請把「♩♩♩♫」圈起來

1	2	3	4
♩♩♫♩	♩♩♩♩	♩♩♩♫	♩♫♩♩

5	6	7	8
♩♫♩♩	♫♩♫♩	♩♩♩♫	♫♩♩♩

9	10	11	12
♩♩♩♫	♩♩♫♩	♩♩♩♫	♩♩♩♫

七、請把一組一組的「♩♩♫♩」圈起來

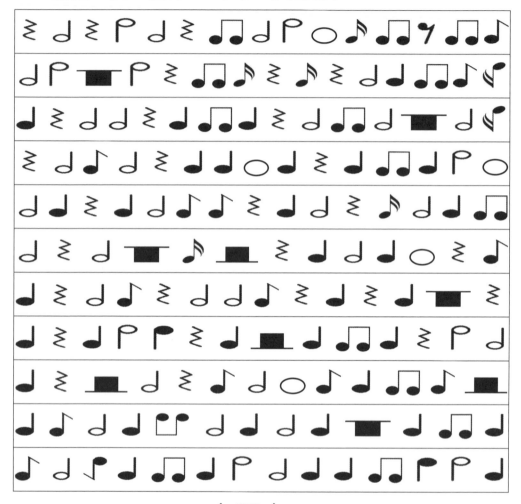

1. 請問你在上面找到幾組「♩♩♫♩」呢？答：_____。

2. 請找出所有的「♪」和「♩」，把兩者相加的總和是多少呢？

     ♪ = _____個   ♩ = _____個

     ♪ + ♩ = _____個

八、請依照「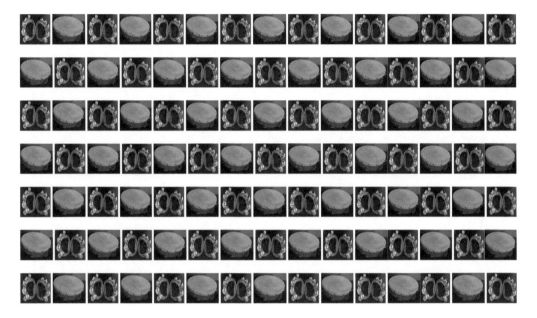」為一組為自己創造出迷宮的路線

九、請選擇一個綠色箭頭入口，依照「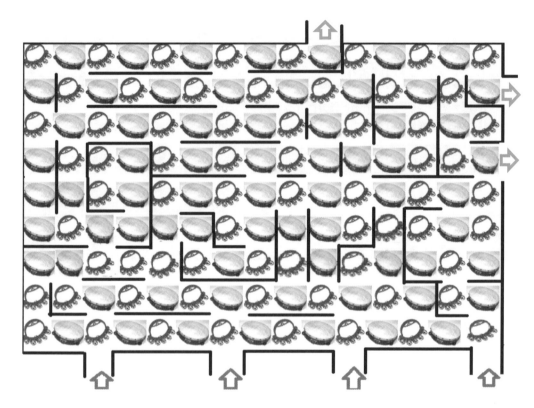」路線走到任

何一個藍色箭頭出口

一、數一數，找一找

𝅗𝅥=（　　　）　　♩=（　　　）　　𝅗𝅥=（　　　）　　♪=（　　　）

二、找一找，數出每個顏色手鐘的數量

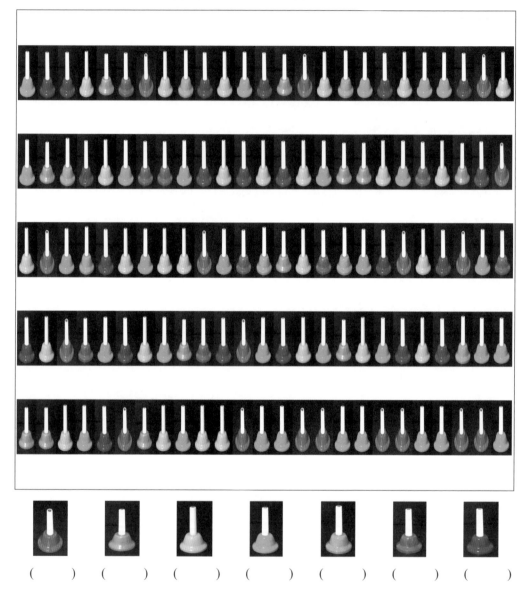

(   )   (   )   (   )   (   )   (   )   (   )   (   )

註：如果有實物手鐘，引導者可以在找完數量後，請學生以拍手的方
　　式拍出每個手鐘的數量，例如：紅色手鐘有五個，就要拍手五下。

三、請把一組一組的「♩♩♫♩」圈起來

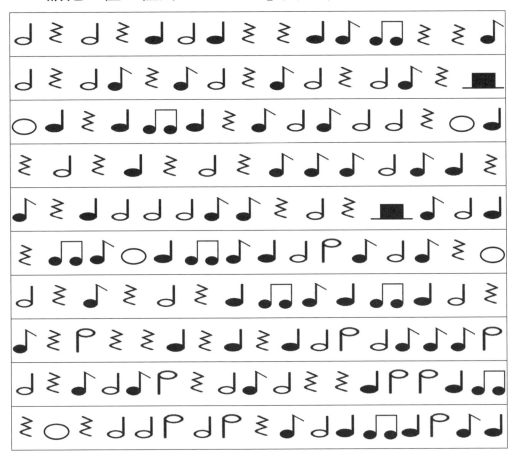

1. 請問你在上面找到幾組「♩♩♫♩」呢？答：＿＿＿＿＿。

2. 請找出所有的「♫♩」和「♩」，把兩者相加的總和是多少呢？

♫♩ = ＿＿＿＿＿＿個　　　　♩ = ＿＿＿＿＿＿個

♫♩ + ♩ = ＿＿＿＿＿＿個

四、請把一組一組的「♪♩♪」圈起來

1. 請問你在上面找到幾組「♪♩♪」呢？答：＿＿＿＿＿。

2. 請找出所有的「♫」和「♪」，把兩者相加的總和是多少呢？

　　♫ = ＿＿＿＿＿＿＿個　　　　♪ = ＿＿＿＿＿＿＿個

　　♫ ＋ ♪ = ＿＿＿＿＿＿＿個

五、請把「♩♩♫♩♫」圈起來

1	2	3	4
♩♩♩♫	♩♩♫♩♫	♩♩♫♩♩	♩♩♫♩♩
5	**6**	**7**	**8**
♩♩♫♩♩♩	♩♩♫♩♩	♩♩♩♫♩♩	♫♩♩♩
9	**10**	**11**	**12**
♫♩♩♩♩♫	♩♩♫♩	♩♫♩♫♩♩♫	♩♩♫♩♩

1. 上面有 12 組節奏排列，請問哪幾個數字是一樣的節奏排列？

答：＿＿＿＿＿＿＿＿＿。

2. 上面有 12 組節奏排列，請問哪幾個數字的節奏排列有「♩」？

答：＿＿＿＿＿＿＿＿＿。

六、請把「♩♪♪♩」圈起來

1	2	3	4
♩♪♩	♩♪♩♩	♩♪♩♩♩	♩♪♩♩
5	**6**	**7**	**8**
♩♩♪♩	♪♩♪♩♩	♩♪♩♩	♩♩♪♩
9	**10**	**11**	**12**
♪♩♪♩♩	♩♪♩♪♩	♪♩♪♩♩	♩♩♩♪

1. 上面有 12 組節奏排列，請問哪幾個數字是一樣的節奏排列？

答：＿＿＿＿＿＿＿＿。

2. 上面有 12 組節奏排列，請問哪幾個數字的節奏排列有「♩♪」？

答：＿＿＿＿＿＿＿＿。

七、請把一組一組的「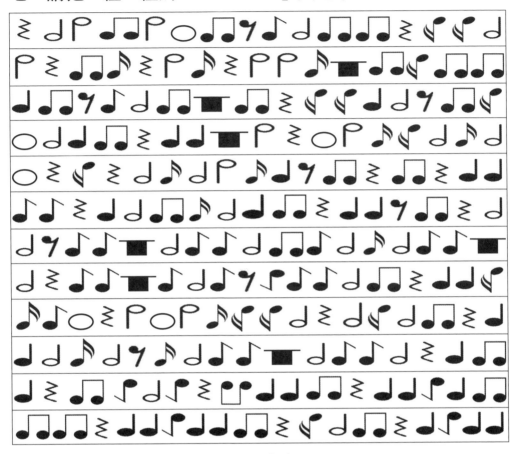」圈起來

1. 請問你在上面找到幾組「♩♩ξ♩♩」呢？答：_____。

2. 請找出所有的「ㄟ」和「ξ」，把兩者相加的總和是多少呢？

　　ㄟ = _____ 個　　　　ξ = _____ 個

　　ㄟ + ξ = _____ 個

八、請選擇一個綠色箭頭入口，依照「♩♫𝄽」路線走到

任何一個藍色箭頭出口

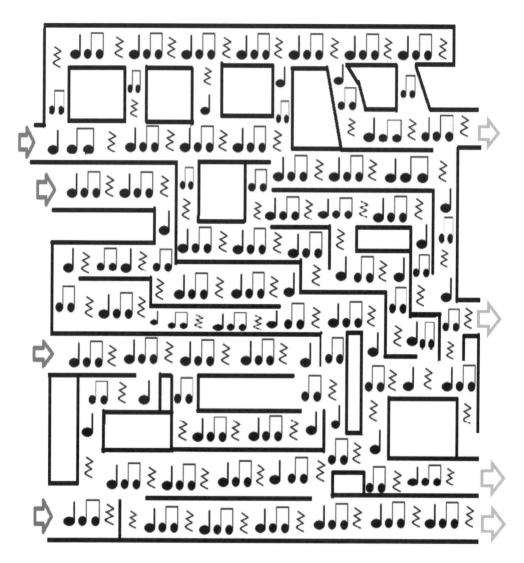

練習十一

一、數一數，找一找

≷ = (　　　) 　　P = (　　　) 　　♩ = (　　　) 　　♪ = (　　　)

二、數一數，找一找

ξ = (　　　)　　　　○ = (　　　)　　　　$\Box$ = (　　　)　　　　♪ = (　　　)

三、找一找，數出每個顏色手鐘的數量

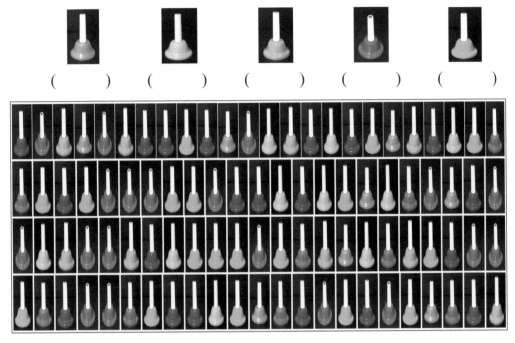

(　) 　 (　) 　 (　) 　 (　) 　 (　)

連連看，找出一樣數量且顏色是一樣的星星記號。

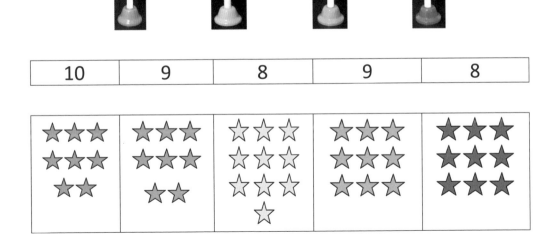

10	9	8	9	8
★★★ ★★★ ★★	★★★ ★★★ ★★	☆☆☆ ☆☆☆ ☆☆☆ ☆	★★★ ★★★ ★★★	★★★ ★★★ ★★★

四、請把一組一組的「♪♪♪♩」圈起來

1. 請問你在上面找到幾組「♪♪♪♩」呢？答：＿＿＿＿＿。

2. 請找出所有的「○」和「♪」，把兩者相加的總和是多少呢？

　　○ = ＿＿＿＿＿＿個　　　　♪ = ＿＿＿＿＿＿＿個

　　○ + ♪ = ＿＿＿＿＿＿個

五、請把一組一組的「ㄕ ㄛ ♩」圈起來

1. 請問你在上面找到幾組「ㄕ ㄛ ♩」呢？答：_____。

2. 請找出所有的「▀」和「▄」，把兩者相加的總和是多少呢？

　　▀ = _____個　　▄ = _____個

　　▀ ＋ ▄ = _____個

六、請把「♩𝄽♩♪♪」圈起來

1	2	3	4
♩♪♪♩	♩♪♩♪♩♪♩	♩♩♪♩♪♩	♩𝄽♩♪♩

5	6	7	8
♩♩♪♩♩	♩𝄽♩♩♪	♪♪♩♩♪♩	♪♪♩♩𝄽

9	10	11	12
♪♪♩♩♩	♩♪♪♩♪	♩𝄽♩♪♪	♩♩♪♩♪

1. 上面有 12 組節奏排列，請問哪幾個數字是一樣的節奏排列？

　　答：＿＿＿＿＿＿＿。

2. 上面有 12 組節奏排列，請問哪幾個數字的節奏排列有「♩」？

　　答：＿＿＿＿＿＿＿。

七、請把「♩♫♩♩」圈起來

1	2	3	4
♩♩♩♩	♩♩▬♩	♩♩♩♩♩	♩♫♩♩
5	**6**	**7**	**8**
♫♩♫♩	♫♩♫♫♩	♩♫♩♩	♩♫♩♩
9	**10**	**11**	**12**
♫♩♫♩♩	♩▬♫♩♩	♫♩♫♫♩	♩♩▬♩♩

1. 上面有 12 組節奏排列，請問哪幾個數字是一樣的節奏排列？

答：＿＿＿＿＿＿＿＿＿。

2. 上面有 12 組節奏排列，請問哪幾個數字的節奏排列有「▬」？

答：＿＿＿＿＿＿＿＿＿。

八、請把一組一組的「♪♩♩♫」圈起來

1. 請問你在上面找到幾組「♪♩♩♫」呢？答：_____。

2. 請找出所有的「♪」和「▬」，把兩者相加的總和是多少呢？

    ♪ = _____個   ▬ = _____個

    ♪ + ▬ = _____個

九、請選擇一個綠色箭頭入口，依照「♩♫♩♫」路線走到
　　任何一個藍色箭頭出口，看看自己能找出多少個出口
　　呢？

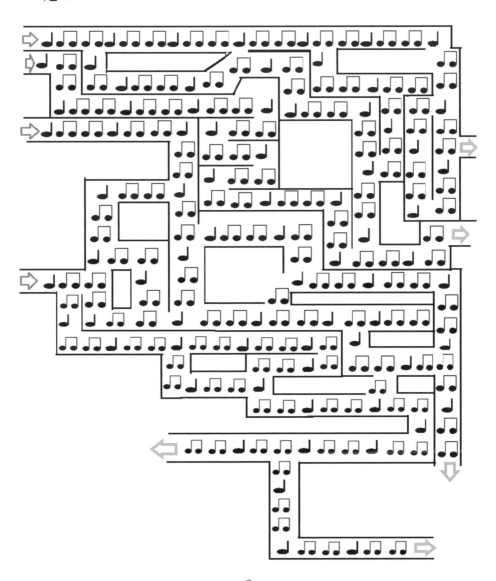

十、連連看

 = 1 =

 = 2 =

 = 3 =

 = 4 =

	2	
	3	
	5	
	4	
	3	
	2	

一、數一數，找一找

▆ =（　　　）　　▆ =（　　　）　　○ =（　　　）　　♪ =（　　　）

二、數一數，找一找

▆ =（　　　）　　P =（　　　）　　C =（　　　）　　♪ =（　　　）

三、數一數，找一找

ξ =(　　)　　　○ =(　　)　　　ℂ =(　　)　　　▅ =(　　)

四、找一找，數出每個顏色手鐘的數量

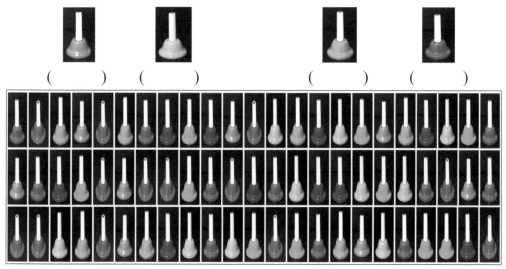

(   )   (   )   (   )   (   )

找出一樣數量之後，在星星記號塗上一樣顏色。

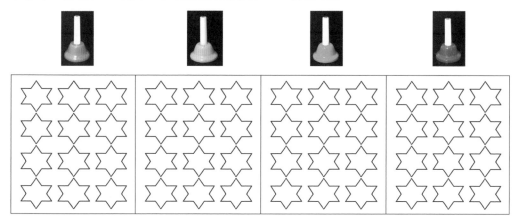

數一數，以下手鐘各有幾個？

(   )   (   )

五、請把一組一組的「♩♫♫」圈起來

六、請挑出與題目不一樣的地方並打叉

	題目	改錯
範例		
1		
2		
3		
4		
5		
6		
7		
8		

七、請把「♩♪♪♩」圈起來

1	2	3	4
♩♩♪♩♩♩♩	♩♩▬▬♩	♩▬▬♩♩♩	♪♪♪♩

5	6	7	8
♪♪♩♪♩♩	♪♩♪♩♪♩	♩♪♩♩	♩♪♩♩

9	10	11	12
♪♪♪♩	♩▬▬♪♩	♪♪♪♪♩♩	♩♩▬♩♩

1. 上面有 12 組節奏排列，請問哪幾個數字是一樣的節奏排列？

答：＿＿＿＿＿＿＿＿＿＿。

2. 上面有 12 組節奏排列，請問哪幾個數字的節奏排列有「▬▬」？

答：＿＿＿＿＿＿＿＿＿＿。

八、請把一組一組的「𝄽♩♩♫」圈起來

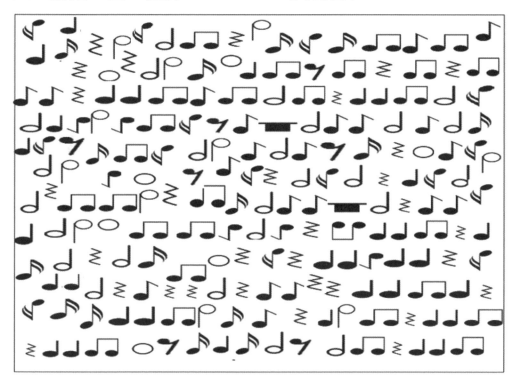

1. 方框裡面有幾個「▬▬」呢？答：＿＿＿。

2. 方框裡面有幾個「♫」呢？答：＿＿＿。

3. 方框裡面有幾個「○」呢？答：＿＿＿。

4. 方框裡面有幾個「♪」呢？答：＿＿＿。

5. 方框裡面有幾個「𝄾」呢？答：＿＿＿。

九、下面是各種節奏編號，請依序寫出橘色長方形內的編號

節奏編號

1	2	3	4	5
♩	♫	𝅝	♩	▬
6	**7**	**8**	**9**	**10**
𝄽	𝄽	▭	♪	𝄾

題號	1	2	3
題目	♩ [♫] 𝄾 ♩♩	𝄽 𝄽 𝄾 𝄽 [𝄾 𝄽]	♫ ♫ ♪ [♩ ♪]
答案			

題號	4	5	6
題目	[♩ ▭] ♫♪ ♩ ♩	[♩ ♫ ♪♩] ♩♩	𝄽 ▭ 𝄽 𝄽 [▭ 𝄽]
答案			

題號	7	8	9
題目	[♩♩ ♩] ♪ ♪ ♩	[♩ ▭ ♪♪ ♩] ▭	♩♩ ♩ [𝄾 𝄽 ♫] 𝄽
答案			

84

十、請選擇一個綠色箭頭入口，依照「♩♪♫▬」路線走到
任何一個藍色箭頭出口，看看自己能找出多少個出口呢？

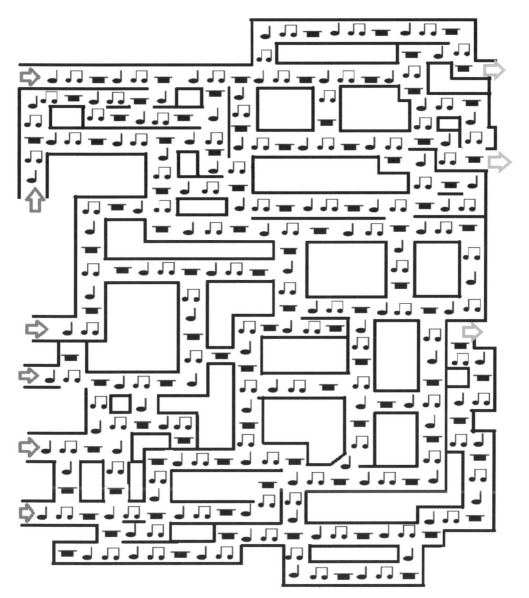

一、請勾選出與前面框框內任一樂器相同的樂器

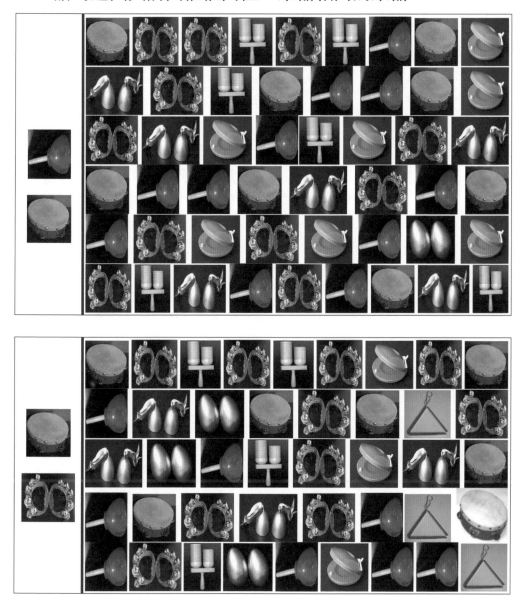

二、請把一組一組的「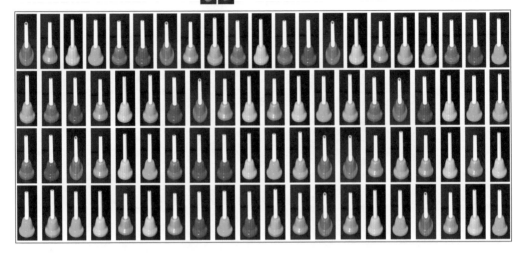」圈起來

三、請把一組一組的「 」圈起來

四、請把一組一組的「♩♩♫♩♫」圈起來

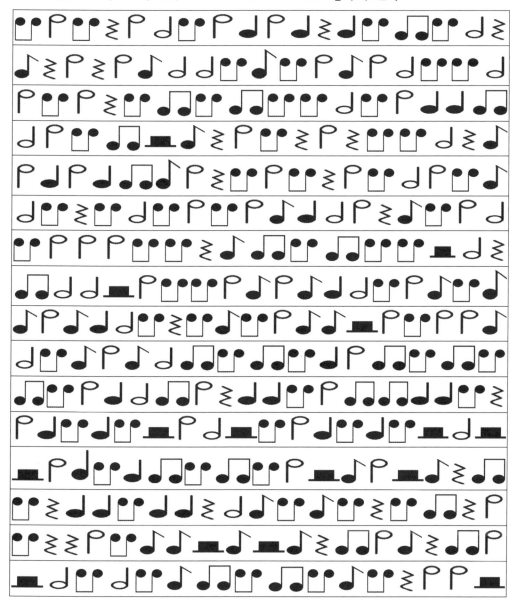

五、請挑出與題目不一樣的地方並打叉

	題目	改錯
範例	(music notation)	(music notation)
1	(music notation)	(music notation)
2	(music notation)	(music notation)
3	(music notation)	(music notation)
4	(music notation)	(music notation)
5	(music notation)	(music notation)

六、請把省略的音符填在藍色空格中

	題目	答案
範例	(music notation)	(music notation)
1	(music notation)	(music notation)
2	(music notation)	(music notation)
3	(music notation)	(music notation)
4	(music notation)	(music notation)
5	(music notation)	(music notation)

七、下面是各種節奏編號，請依序寫出橘色長方形內的編號

節奏編號

1	2	3	4	5

6	7	8	9	10

題號	1	2
題目		
答案		

題號	3	4
題目		
答案		

題號	5	6
題目		
答案		

八、請把「♩♪♪♪」圈起來

1	2	3	4
♩♩♪♩♩♩	♩♩▬♩	♩▬♩♩♩	♪♪♪♩

5	6	7	8
♫♩♩♩♩	♫♩♩♩♩♩	♫♩♩♩	♩♫♩♩

9	10	11	12
♪♪♪♩	♪♪♪♩	♫♩♩♫♩	♩♩▬♩♩

13	14	15	16
♫♪♪▬	♩♩♪♫♩	♫♩♪♩♩	♪♫♪♩♪♪

1. 上面有 16 組節奏排列，請問哪幾個數字是一樣的節奏排列？答：_____。

2. 上面有 16 組節奏排列，請問哪幾個數字的節奏排列有「♪♪」？答：_____。

3. 上面有 16 組節奏排列，請問哪幾個數字的節奏排列有「♪♪♪」？
答：_____。

4. 上面有 16 組節奏排列，請問第 3 題總共有幾個「♩」？答：_____。

5. 上面有 16 組節奏排列，請問第 11 題總共有幾個「♫」？答：_____。

6. 上面有 16 組節奏排列，請問「▬」出現在哪幾個題目中？答：_____。

7. 上面有 16 組節奏排列，請問第 6 題有沒有出現「𝄽」？答：_____。

8. 上面有 16 組節奏排列，請問第 12 題有沒有出現「♩」？答：_____。

9. 上面有 16 組節奏排列，請問哪幾個數字的節奏排列有「♪」？答：_____。

九、請回答下列問題

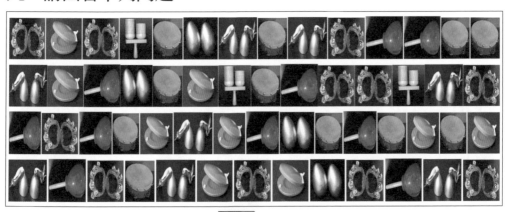

1. 請問上方框框內有幾個鈴鼓？答：＿＿＿＿＿＿＿。
2. 請問上方框框內有幾個沙鈴？答：＿＿＿＿＿＿＿。
3. 請問上方框框內有幾個手搖鈴？答：＿＿＿＿＿＿＿。

十、為自己設計屬於自己的迷宮路線。請依照「 」樂器順序畫出迷宮的路線，而你能畫出幾種迷宮路線，又設計了幾個出口呢？

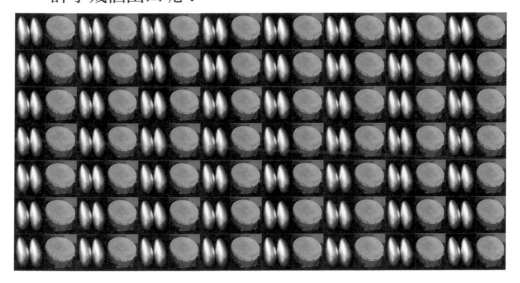

十一、請選擇一個綠色箭頭入口，依照「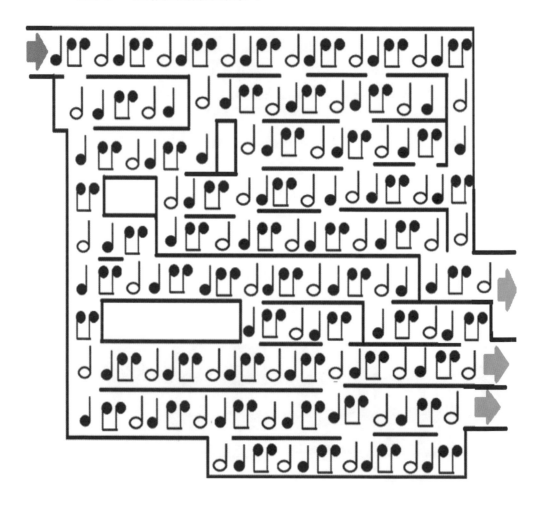」路線走到

任何一個橘色箭頭出口

練習十四

一、請勾選出與前面框框內任一樂器相同的樂器

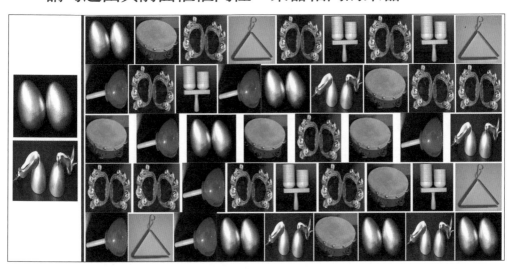

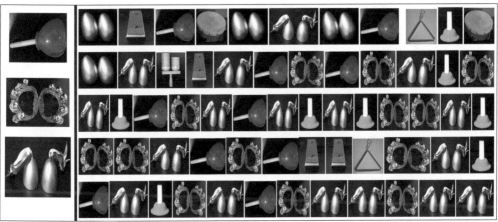

加分題：

1. 請問在上方兩個框框內共出現幾個三角鐵 ？答：＿＿＿＿。

2. 請問在第二個框框中出現幾個綠色手鐘 ？答：＿＿＿＿。

二、請把一組一組的「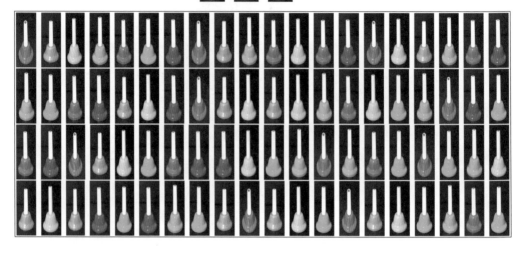」圈起來

三、請把一組一組的「♪♪♪♪♪」圈起來

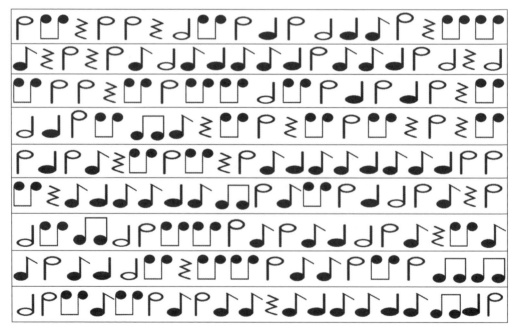

五、請挑出與題目不一樣的地方並打叉

	題目	改錯
範例	(music notation)	(music notation)
1	(music notation)	(music notation)
2	(music notation)	(music notation)
3	(music notation)	(music notation)
4	(music notation)	(music notation)
5	(music notation)	(music notation)

六、請把省略的音符填在藍色空格中

	題目	答案
範例	(music notation)	(music notation)
1	(music notation)	(music notation)
2	(music notation)	(music notation)
3	(music notation)	(music notation)
4	(music notation)	(music notation)
5	(music notation)	(music notation)

七、下面是各種節奏編號，請依序寫出橘色長方形內的編號

節奏編號

1	2	3	4	5

6	7	8	9	10

題號	1	2
題目		
答案		

題號	3	4
題目		
答案		

題號	5	6
題目		
答案		

八、請把「♩♪♪♪」圈起來

1	2	3	4
♩♩♪♩♩♩	♩♩▬♩	♩▬♩♩♩	♪♪♪♪

5	6	7	8
♩♩♩♪♩	♩♪♩♩♩	♩♩♩♩	♩♩♩♩

9	10	11	12
♪♪♪♩	♪♪♪♪	♩♪♩♩♩	♩♩▬♩♩

13	14	15	16
♩♪♪♪▬	♩♩♩♩♪♩	♩♪♩♩♩♩	♩♪♩♪♩♪♪

1. 上面有 16 組節奏排列，請問哪幾個數字是一樣的節奏排列？答：_____。

2. 上面有 16 組節奏排列，請問哪幾個數字的節奏排列涵蓋「♪♪」？答：_____。

3. 上面有 16 組節奏排列，請問哪幾個數字的節奏排列涵蓋「♪♪♪」？答：_____。

4. 上面有 16 組節奏排列，請問第 3 題總共有幾個「♩」？答：_____。

5. 上面有 16 組節奏排列，請問第 11 題總共有幾個「♫」？答：_____。

6. 上面有 16 組節奏排列，請問「▬」出現在哪幾個題目中？答：_____。

7. 上面有 16 組節奏排列，請問第 6 題有沒有出現「⁊」？答：_____。

8. 上面有 16 組節奏排列，請問第 12 題有沒有出現「♩」？答：_____。

9. 上面有 16 組節奏排列，請問哪幾個數字的節奏排列涵蓋「♪」？答：_____。

九、請回答下列問題

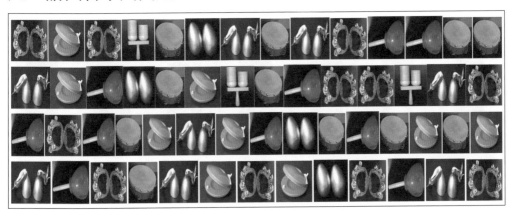

1. 請問上方框框內有幾個鈴鼓？答：_____。
2. 請問上方框框內有幾個沙鈴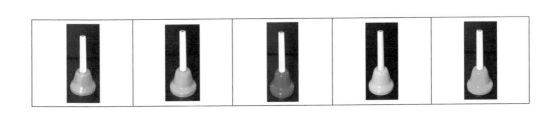？答：_____。
3. 請問上方框框內有幾個手搖鈴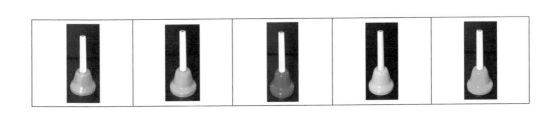？答：_____。

十、連連看：把一樣的顏色連起來

十一、連連看：將顏色號碼寫在空格中，並找出一樣的數字排

列順序

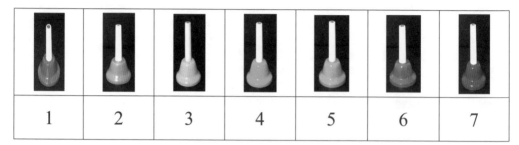

1	2	3	4	5	6	7

 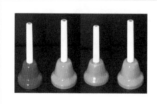 

2 4 6 2	4 6 4 1	1 3 5 3	7 5 2 7	7 5 2 5

練習十五

一、請勾選出與前面框框內順序相同的樂器

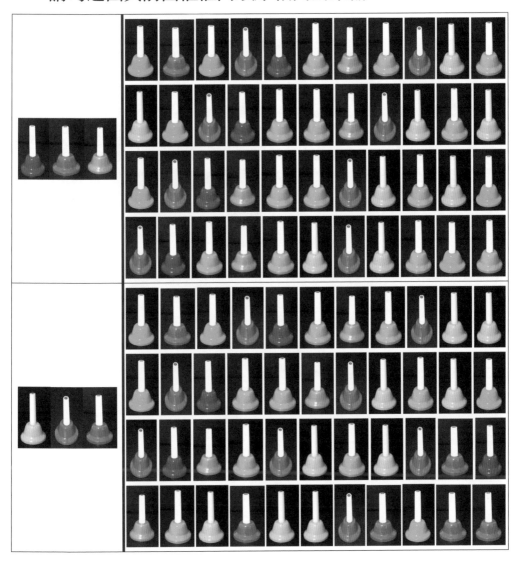

二、請回答下列問題

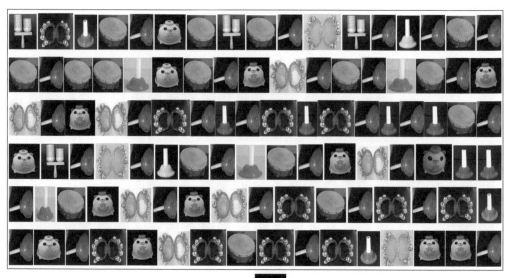

1. 請問上方框框內有幾個紅色拍鐘 ？答：_____。

2. 請問上方框框內有幾個淺藍色手搖鈴 ？答：_____。

3. 請問上方框框內有幾個紫色手鐘 ？答：_____。

4. 請問上方框框內有幾組 排列在一起？答：_____。

5. 請問上方框框內有幾個高低音木魚 ？答：_____。

6. 請問上方框框內有幾個淺藍色拍鐘 ？答：_____。

7. 請問上方框框內有幾組紫色手搖鈴排列方向如右邊圖片 ？

答：_____。

8. 請問上方框框內有幾個淺藍色手鐘 ？答：_____。

三、連連看：將顏色號碼寫在空格中且找出一樣的數字順序，

接著再找出一樣的手鐘順序

1	2	3	4	5	6	7

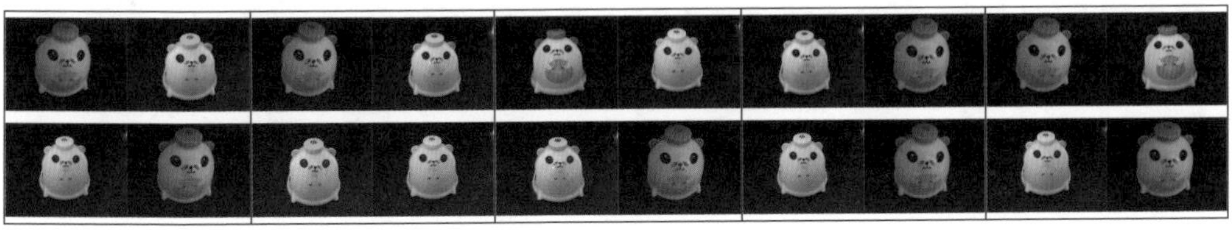

2 5 4 3	7 3 6 2	6 2 3 2	7 1 3 2	1 4 3 2

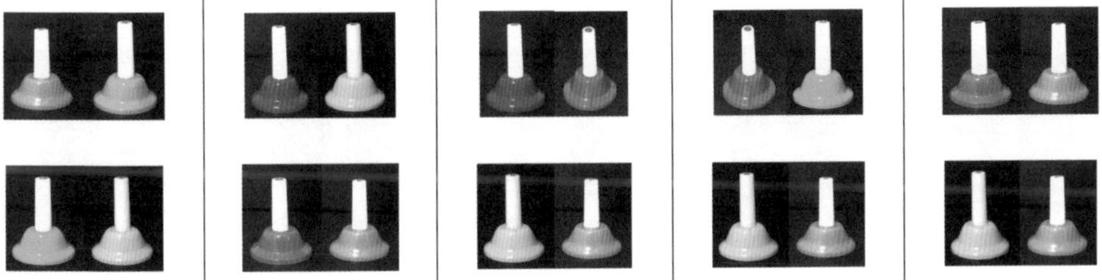

四、請把顏色號碼寫在空格中

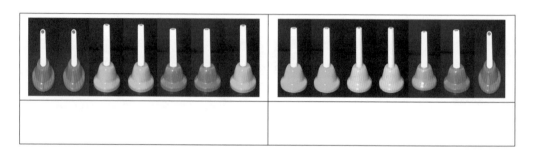	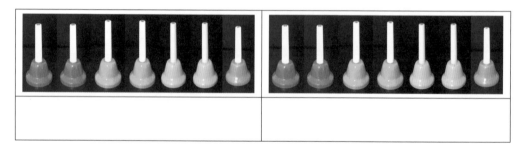	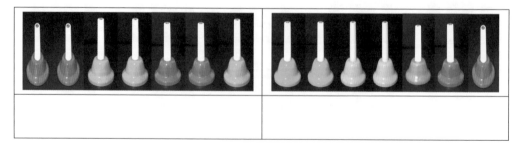				
1	2	3	4	5	6	7

五、請把「▬♩♪♪♪♫♩」圈起來

1	2
▬♪♩♩♩♩♫♩♩♩♩	♩♩♩♩♩▬♩♩♩♩

3	4
▬♪♩♩♩♫♩♩	▬♪♩♩♩♫♩♩♩

5	6
▬♪♩♪♩♩♪♩♩♩	▬♪♩♩♩♫♩♩

7	8
▬♪♩♩♫♩♫♩♩	▬♪♩♪♫♩♩♩♩♩

9	10
▬♪♩♩♩♪♩♩♪♩♩♩♩	▬♪♩♩♩♫♩♩

11	12
▬♪♩♩♩♫♩♫♩♩♩	▬♪♩♩♩♫♩♩♩♪

1. 上面有 12 組節奏排列，請問哪幾組的排列中沒有「♫♩」？答：

_____。

2. 上面有 12 組節奏排列，請問哪幾組的排列中有「▬」？答：

_____。

3. 上面有 12 組節奏排列，請問哪一組的排列中有「♫♩♩♫♩」

的順序？答：_____。

六、沿著紫色手鐘 為自己設計迷宮路線找出口，但要記得

避開障礙物：橘色拍鐘

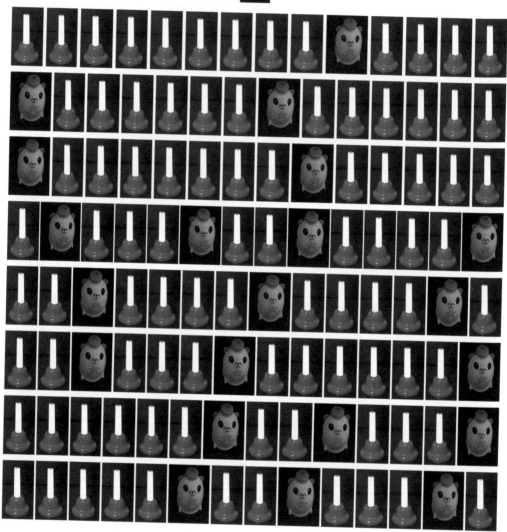

你也可以為自己設計一條路線！

七、請把一組一組的「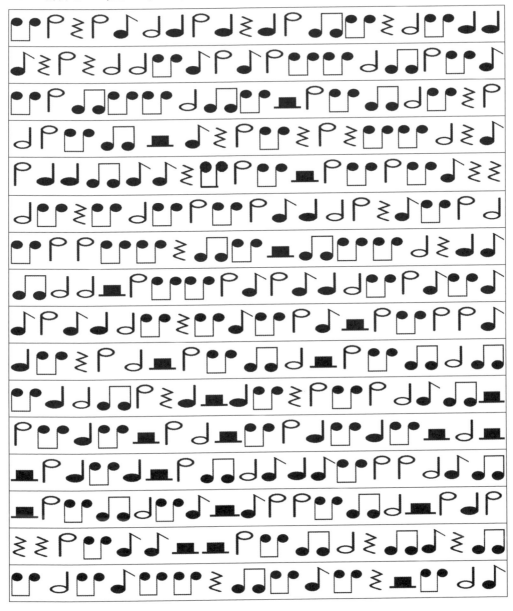」圈起來

八、下面是各種節奏編號，請依據題目內的編號順序變成節奏
　　編號寫在空格內

節奏編號

1	2	3	4	5
♩	♫	♫	♩	▬
6	**7**	**8**	**9**	**10**
♪	♪	▬	♪	♪

題號	一	二
題目	1　2　3	3　4　1
答案		

題號	三	四
題目	6　9　7　10	8　6　7　2
答案		

題號	五	六
題目	2　3　1　8	2　3　7　7
答案		

九、請選擇一個綠色箭頭入口，依照「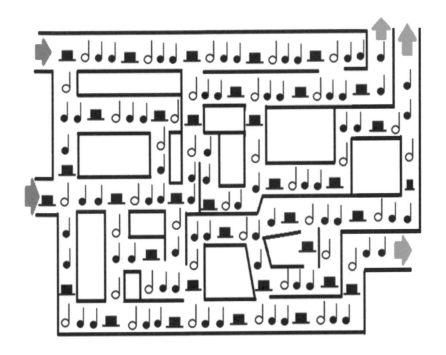」路線走到

任何二個橘色箭頭出口

十、請選擇一個綠色箭頭入口，依照「𝄼𝅗𝅥𝅘𝅥𝅘𝅥」路線走到任何二個橘色箭頭出口

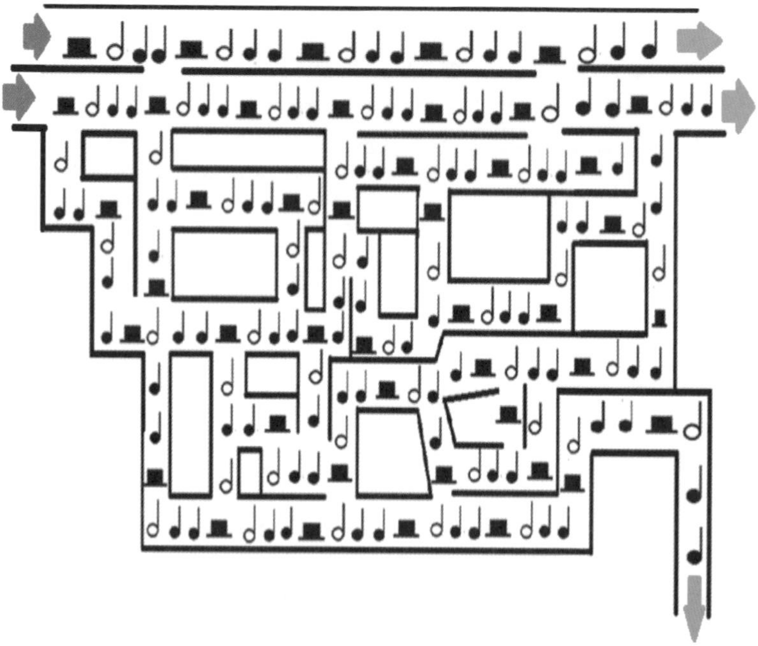

是否有注意到第九題的迷宮和第十題的迷宮之間，有哪些相同的地方或是不同的地方？可以試著舉例說明。

Note

國家圖書館出版品預行編目（CIP）資料

注意力交響樂：學習手冊／蕭瑞玲，孟瑛如著.
--初版.-- 新北市：心理，2016.10
面；　　公分.--（障礙教育系列；63141）
ISBN 978-986-191-739-9（平裝）

1.學習障礙　2.注意力　3.音樂治療

529.69　　　　　　　　　　105018563

障礙教育系列 63141

注意力交響樂：學習手冊

作　　者：蕭瑞玲、孟瑛如
責任編輯：郭佳玲
總　編　輯：林敬堯
發　行　人：洪有義
出　版　者：心理出版社股份有限公司
地　　址：231 新北市新店區光明街 288 號 7 樓
電　　話：(02) 29150566
傳　　真：(02) 29152928
郵撥帳號：19293172　心理出版社股份有限公司
網　　址：http://www.psy.com.tw
電子信箱：psychoco@ms15.hinet.net
排　版　者：辰皓國際出版製作有限公司
印　刷　者：辰皓國際出版製作有限公司
初版一刷：2016 年 10 月
初版二刷：2020 年 11 月
I S B N：978-986-191-739-9
定　　價：新台幣 180 元